BEI MIR IST ALLES NORMAL

Fotoworkshops und Tafelfotos
mit Flüchtlingskindern
MARILY STROUX

FÜR MEINEN KINDHEITSFREUND
GIANNOULIS

BEI MIR IST ALLES NORMAL

Fotoworkshops und Tafelfotos
mit Flüchtlingskindern

MARILY STROUX

Solange die Löwen nicht eigene
Historiker haben, werden die
Jagdgeschichten von Jägern
geschrieben.

Brandes & Apsel

IMPRESSUM

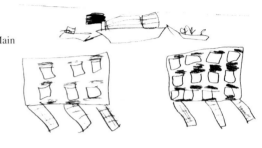

Auf Wunsch informieren wir regelmäßig über das Verlagsprogramm:
Brandes & Apsel Verlag, Scheidswaldstr. 33, D-60385 Frankfurt am Main
E-Mail: brandes-apsel@t-online.de
Internet: www.brandes-apsel-verlag.de

Das Buchprojekt wurde ermöglicht mit Mitteln
des Kulturwerkes der **VG BILD-KUNST**

1. Auflage 2004
© Brandes & Apsel Verlag GmbH, Frankfurt am Main
Alle Rechte vorbehalten, insbesondere das Recht
der Vervielfältigung und Verbreitung.

Herausgeberin:	Marily Stroux
Texte:	Fifi Vervelidou, Reimer Dohrn, Salinia Stroux, Marily Stroux
Gestaltung und Satz:	Falk Zirkel, Zirkeldesign
Druck:	Tiskarna Ljubljana d.d., Ljubljana, Printed in Slovenia

Gedruckt auf säurefreiem, alterungsbeständigem und
chlorfrei gebleichtem Papier

Bilbliografische Information *Der Deutschen Bibliothek*:
Die Deutsche Bibliothek verzeichnet diese Publikation in der
Deutschen Nationalbibliografie; detaillierte bibliografische Daten
sind im Internet über http://dnb.ddb.de abrufbar.

ISBN 3-86099-800-5

INHALT

01 Impressum.. 4
02 Warum mit Flüchtlingskindern?.. 7
03 Bei mir ist alles normal - Ein Vorwort von Marily Stroux.............................. 8
04 Was möchtest du mitnehmen?
   Bosnische Jugendliche vor der „freiwilligen" Rückkehr................................ 10
05 Seine Erinnerungen selber bestimmen
   Bosnische Kinder fotografieren ihre Erinnerungen und machen Alben....... 18
06 Warten auf Transfer
   Afghanische Kinder fotografieren und malen Vergangenheit und Gegenwart...... 30
07 Als ich mein Haus verlassen mußte
   Kinder aus dem Kosovo erzählen über ihre Gefühle und sehen Hamburg...... 50
08 Schlittschuhlaufen für Wüstensöhne
   Sahrauische Kinder machen Ferien vom stillen Krieg.................................. 60
09 Wir sind neu in der Stadt
   Mobiles Fotostudio mit Kindern aus Tschetschenien................................... 68
10 Das Ohr des Teufels sollte taub sein
   Unterschiedliche Religionen begegnen sich in einem Fotoworkshop.......... 80
11 Ich sehe was, was du nicht siehst
   Tafelfotos mit Blinden und Sehbehinderten.. 92
12 Mobiles Fotostudio: Mein Lieblingsplatz im Karoviertel
   Tagebuchnotizen aus dem Mobilen Fotostudio mit Pipi und ihren Freundinnen......100
13 Der Unsichtbarkeit entgegenwirken
   Fotoworkshop mit Kindern und Frauen aus Afghanistan, Irak und Iran in Thessaloniki....... 108
14 Die Erinnerungen selbst bestimmen
   Gedanken über die Arbeit von Marily Stroux durch Fifi Vervelidou............. 114
15 Die Kraft im Selbstverständlichen suchen
   Interkulturelle Gedanken zu den Workshops von Reimer Dohrn................. 118
16 Bibliographie.. 124
17 Ausstellungen.. 125
18 Dank an Organisationen... 126

"Wie war es, als Du nach Deutschland kamst?"

"Das war August, 11. Es war zwölf Uhr und zehn, zwanzig Sekunden, vielleicht. Ich hatte gar nicht gemerkt, dass es ein Schiff war. Ich hatte Angst, weil ich da die schwarzen Männer gesehen habe. Ich hatte die ganze Zeit nicht geschlafen, vor zwei bis drei Kilometer hatte ich dann gegangen zu schlafen."

Mein Vater hat mir gesagt:"Wir sind in Deutschland, wach auf!"
Ich habe gesagt: "Lass mich in Ruhe, warum lügst du, dass wir in Deutschland sind?"
Er sagte: "Halt's Maul!"
Und der Mann hat noch gesagt: "Komm schnell, ich muss andere Leute, meine Familie wo bringen, wach auf!"
Dann bin ich wach geworden und dann habe ich mich gewundert, dass ich echt in Deutschland war.
Dann habe ich mein Vater gesagt: "Entschuldige!"
Und dann sind wir zu mein Onkel gegangen.
Und nix mehr.
"Dann bin ich geschlafen."

Warum mit Flüchtlingskindern?

Meine Mutter sagt: „Wir sollen nicht nach hinten gucken! Wenn Gott wollte, dass der Mensch nach hinten schauen könnte, hätte er uns Augen im Hinterkopf gegeben."
Meine Mutter musste mit acht Jahren aus Istanbul mit ihrer Familie flüchten. Als griechische Minderheit in der Türkei mussten sie nach Griechenland in ein für sie alle fremdes Land ziehen. Sie haben alles hinter sich gelassen. Und mussten ihr Leben von vorne anfangen.

Meine Oma hat diese Flucht nicht verkraftet, sie war immer sehr traurig, sehnte sich immer zurück. Als ich mit 18 mit meinen Eltern Griechenland verlassen habe, war es nicht so endgültig.

Aber als bei dem Religionsworkshop die Kinder die Frage stellten: „Was hattest du an, als du nach Deutschland kamst?" wusste ich sofort, welche Farbe der kleine karierte Koffer hatte, den ich 1968 auf der Reise mitgenommen hatte. Und der verloren gegangen ist, mit allem, was mir wichtig war.

Die meisten der Kinder, die in Deutschland ankommen, haben keinen kleinen karierten Koffer mit. Sie haben meistens eine monatelange Fluchtgeschichte, und wenn sie hier ankommen, teilen sie die Hoffnung ihrer Eltern, endlich in Sicherheit angekommen zu sein.

Mit den Fotoworkshops wollen wir dieses Ankommen und die Umstellung auf ein neues Leben unterstützen. Um das negativ Erlebte zu verarbeiten, muss offen damit umgegangen werden.

Marily Stroux

"Nach hinten gucken, um vorwärts zu gehen!"

"ICH HABE KEINE RELIGION – BEI MIR IST ALLES NORMAL."

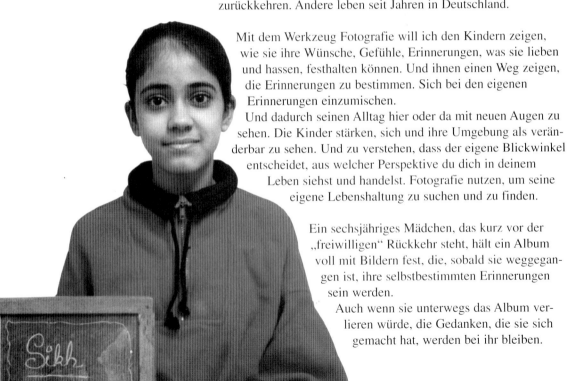

Mirjana, Roma aus Ex-Jugoslawien, schrieb es auf ihre Tafel während eines Fotoworkshops mit Kindern verschiedener Religionen.

Seit 1996 mache ich Fotoworkshops mit Kindern, die aus Ländern, wo Krieg ist, in Hamburg ankommen. Die einen kommen gerade aus Kriegsgebieten, die anderen müssen schon wieder zurückkehren. Andere leben seit Jahren in Deutschland.

Mit dem Werkzeug Fotografie will ich den Kindern zeigen, wie sie ihre Wünsche, Gefühle, Erinnerungen, was sie lieben und hassen, festhalten können. Und ihnen einen Weg zeigen, die Erinnerungen zu bestimmen. Sich bei den eigenen Erinnerungen einzumischen.

Und dadurch seinen Alltag hier oder da mit neuen Augen zu sehen. Die Kinder stärken, sich und ihre Umgebung als veränderbar zu sehen. Und zu verstehen, dass der eigene Blickwinkel entscheidet, aus welcher Perspektive du dich in deinem Leben siehst und handelst. Fotografie nutzen, um seine eigene Lebenshaltung zu suchen und zu finden.

Ein sechsjähriges Mädchen, das kurz vor der „freiwilligen" Rückkehr steht, hält ein Album voll mit Bildern fest, die, sobald sie weggegangen ist, ihre selbstbestimmten Erinnerungen sein werden.

Auch wenn sie unterwegs das Album verlieren würde, die Gedanken, die sie sich gemacht hat, werden bei ihr bleiben.

Kinder aus Bosnien, Afghanistan, Kosovo, Tschetschenien, Sahrahouis, Roma, Flüchtlingskinder in Thessaloniki, Griechenland, Kinder aus einer Sehbehindertenschule, Kinder mit unterschiedlichen Religionen.

Zehn verschiedene Workshops werden hier mit Fotos und Texten, Fragen, Antworten und Gedanken der Kinder vorgestellt. Sie sind der Versuch, die Fotografie zu nutzen, um seine Wahrnehmungen, seine Erinnerungen und sein Selbstwertgefühl zu stärken.

Um zu erfahren, dass in der Fotografie so wie im Leben nicht das Perfekte zählt, sondern dass in dem Unerwarteten Kraft steckt.

Wie der berühmte Fotograf Duane Michels sagt: „Die beste Ausrüstung ist die eigene Fantasie."

Sehen, dass Fotostudios aus einem Stück Geschenkpapier gemacht werden können, dass ein Badetuch mit einem Loch überall ein Fotostudio entstehen lässt. Und dass es in den eigenen Händen liegt, Traumwelt und Echtwelt zu durchmischen.

Marily Stroux

"Seinen eigenen Blick in die Hand nehmen!"

WORKSHOP THEATERPROJEKT CONTAINER

Jahr: 1996
Ort: Containerunterkunft Osdorfer Landstraße, Hamburg
TeilnehmerInnen: Azemina, Caroline, Edina, John, Lejla, Lotta, Mario, Melita, Medina, Mirsad, Roberto, Ramiz, Sebastian.
Zusammenarbeit: Theaterprojekt Container
Zusammenhang: Container war ein Theaterprojekt mit bosnischen und deutschen Jugendlichen für Jugendliche und Erwachsene in einer Inszenierung von Eva-Maria Martin in Zusammenarbeit mit Branka Bilogrevic, ein Projekt der Jungen Volkshochschule Hamburg, des CVJM und des Thalia-Treffpunkts vom Thaliatheater in Hamburg.
Von September 1995 an traf sich eine kleine Gruppe aus jugoslawischen und deutschen Jugendlichen zwischen neun und achtzehn Jahren jeden Montag zu einem Theaterkurs. Der Krieg im ehemaligen Jugoslawien, die Situation von Flüchtlingen in Deutschland und seit dem Friedensvertrag von Dayton und Paris auch die bevorstehende Rückkehr in ein vor Jahren zwangsweise verlassenes und heute zerstörtes Land sind nur Anlässe der Arbeit. Ihr Thema war und blieb der Versuch, Wege in und aus einer Situation der Sprachlosigkeit zu finden.

„WAS WÜRDEST DU MITNEHMEN?"

Die Frage unterstellt, dass es klar ist, dass sie weggehen müssen und die Antwort macht etwas sichtbar aus der Gefühlswelt der Jugendlichen, wie sie mit einer von ihnen nicht zu beeinflussenden großen Veränderung in ihrem Leben umgehen.

Die meisten wollten ihre Familien mitnehmen, das bevorstehende Neue ließ sie eine Familientrennung fürchten. Die Kleineren, die ihre Eltern als selbstverständlichen Teil von sich sahen, nannten, was ihnen am liebsten war: eine Muschel, ein Foto, einen Ball.

Eine Reihe von Fotos der Jugendlichen mit ihren Antworten waren das Resultat dieser Umfrage. Bei der Premiere haben wir die Bilder ausgestellt und unter jedem Bild hing noch ein zweites, genauso groß, gerollt in eine rote Schleife: damit die Jugendlichen die Fotos als Erinnerung mitnehmen konnten.

Eine Muschel

WORKSHOP

BOSNISCHE KINDER VOR DER RÜCKKEHR

Jahr: 1996
Ort: Flüchtlingsschiffe in Neumühlen
TeilnehmerInnen: Amalja, Alexandra, Ada, Andrea, Anel, Azra, Bego, Davor, Elma, Jasmin, Jasmina, Isabel, Ilhana, Mateja, Monica, Merima, Semo.
Zusammenarbeit: Wohnschiffprojekt Altona e.V., Bruni Paschke, Reimer Dohrn.
Finanzierung: terres des hommes
Zusammenhang: Die Kinder wurden nachmittags vom Wohnschiffprojekt Altona e.V. auf den Schiffen betreut. Da die bosnischen Familien die ganzen Jahre auf den Schiffen lebten, hatten sich feste Beziehungen zu den Kindern und den Mitarbeitern gebildet. Die damalige Leiterin des Projekts schlug vor, einen Fotoworkshop mit den Kindern zu machen, um sie in ihren letzten Wochen in Hamburg zu begleiten und zu kräftigen.
Ausstellungen: Bibby Challenge, Jahrestreffen 1997 von terres des hommes in Osnabrück, Jugendgästehaus von Woge e.V.

Seine Erinnerungen selber bestimmen.

Bosnische Kinder fotografieren ihre Erinnerungen und machen Alben

R. ist acht Jahre alt, geht zur Schule in Hamburg und spricht deutsch wie alle anderen Kinder in ihre Klasse. Nur „zuhause" auf den Schiffen, wo sie seit drei Jahren mit ihren Eltern in einer Kabine wohnt, spricht sie bosnisch.

Sie kann sich nicht erinnern an ihr Leben in Bosnien, nur aus den Erzählungen der Eltern. Ihr Lebensmittelpunkt, ihre Freundinnen, ihre Schule, alles ist in Hamburg. Jetzt muss sie aber mit ihren acht Jahren für ein zweites Mal in ihrem kurzen Leben alles komplett ändern, sich umstellen und woanders, wo für sie gar kein Zuhause ist, neu anfangen. Sie muss „freiwillig" zurückkehren. Alles verlassen, was ihr Alltag und Sicherheit ist. Sich auf das Unbekannte wieder stürzen, ungewollt.

Ihre Eltern sind beschäftigt, diese nochmalige unfreiwillige Flucht, so gut es geht, vorzubereiten. So dass es sich ein bisschen geplanter, gewollter anfühlt. Sie müssen in ihr Land, das sie verlassen hatten, zurückkehren und wissen, das nichts so sein wird wie vorher. Sie haben ihre Dörfer, ihre Familien, ihre Häuser im Krieg verlassen, sich selbst gerettet.

Sie können nicht zurück in ihr Haus, entweder gibt's die Häuser nicht mehr, weil sie im Krieg zerstört wurden, oder sie wurden besetzt von Menschen, die selber auf der Flucht waren. Also wissen sie gar nicht, wohin sie freiwillig zurückehren sollen.

Die Sorgen dieser Eltern um die Zukunft lassen ihnen wenig Kraft, sich mit der Seele der Kinder in dieser Situation zu beschäftigen. Die Kinder merken die Unsicherheit der Eltern angesichts der bevorstehenden Reise und leiden unter diesem nochmaligen endgültigen Abschiednehmen.

Die Kinder wurden, seit sie nach Deutschland gekommen sind, nachmittags mit einem Programm vom Wohnschiffprojekt Altona e.V. auf den Schiffen betreut. Da die bosnischen Familien die ganzen Jahre auf den Schiffen lebten, haben sich feste Beziehungen zu den Kindern und den Mitarbeitern gebildet. Gisela Schnelle, die damalige Leiterin des Projekts, fragte, ob wir nicht einen Fotoworkshop mit den Kindern machen könnten, um sie in ihren letzten Wochen in Hamburg zu begleiten und kräftigen.

Gerade hatte ich bei dem Theaterprojekt „Container" eine fotografische Arbeit gemacht. Die Ideen aus diesem Projekt haben wir zusammen mit Reimer Dohrn weiterentwickelt.
Wir fingen einen Fotoworkshop an. Jedes Kind kriegte einen Fotoapparat, Filme und ein Album. Wir wollten offen über ihre Abreise sprechen, über ihre Gefühle. Wir sagten, dass sie jetzt selbst entscheiden sollten, was sie als Erinnerung mitnehmen wollen. Menschen, die sie lieb haben und nicht vergessen wollen, Orte, Momente.

Als wir die ersten Filme entwickelten, sprachen wir über die Menschen, die darauf waren, was sie für eine Bedeutung haben, was sie an ihnen mögen. Beim Kleben der Bilder in die Alben wurde geredet und so entstand ein offener Umgang mit den Gefühlen zu dem, was verlassen wurde. Viele kleine Abschiede vor dem großen.
Je voller die Alben werden mit Erinnerungen, die noch Realität sind, desto mehr wissen die Kinder, an wen sie sich noch erinnern wollen. Und wenn sie mit den dicken Alben unterm Arm, manch-

mal halb so groß wie sie selbst, den Raum verlassen, wird uns klar, was sie da für einen Schatz tragen. Und die Vorstellung, wie oft in der ersten Zeit am neuen Ort, in der fremden Umgebung, die Bilder und die Erinnerungen Wärme geben sollen.

Nachdem die Kinder all das fotografiert haben, was sie lieb haben, haben sie noch das fotografiert, was sie hier blöd fanden, was sie nicht mochten. Das gehört auch zu den Erinnerungen. Die Alben werden bewusst nicht voll geklebt und die Kinder haben Seiten zum Schluss freigelassen: für die Bilder, die sie mit ihren Fotoapparaten in Bosnien machen werden.

Wir wollten, dass sie die neue Umgebung, die neuen Menschen mit dem Mittel des Fotografierens mit anderen Augen sehen können. Dass sie ihre neue Welt aktiv wahrnehmen. Die Erinnerungen selbst bestimmen. Später keine schwarzen Löcher im Gedächtnis haben, sondern richtige Gesichter. Richtige Räume, die man sehen und zeigen kann. Selbst entscheiden, ja auch mit acht oder neun Jahren, woran du später dich erinnern willst.

Und wie Verdran sagte: „Wer weiß, vielleicht komm ich später, wenn ich groß bin, mal nach Deutschland, zur Weltmeisterschaft oder so, und dann seid ihr alt. Aber vielleicht sehen wir uns wieder." Wir hatten ihn umarmt, geknutscht und uns gefreut.

Die Weltmeisterschaft ist übernächstes Jahr in Deutschland. Verdran ist jetzt 18 und ich würde ihm erkennen in einem vollen Fußballstadion.

Auf die Frage: „Wovor hast du Angst?" kamen die unterschiedlichsten Antworten. Verdran hatte Angst vorm Gefängnis, eine andere vor Spinnen und Indira vor ihrer Mama. Indira gilt als behindert. Sie geht zur Förderschule und wird auch als behindert wahrgenommen. Während des Fotoworkshops fällt sie als sehr warmherziges Kind auf. Sie nimmt sich erst mal Zeit und beobachtet alles genau, bevor sie vertrauensvoll mitmacht. „Warum hast du Angst vor deiner Mutter?" fragen wir. „Sie haut mich", sagt sie. Wir reden darüber und fragen Indira, ob das Foto bei der Ausstellung hängen soll oder ob sie Angst hat, dass ihre Mutter sauer wird. Sie sagt: „Kann ruhig hängen, meine Mutter kann nicht lesen." Wir gehen das Risiko ein und halten uns bereit für die Auseinandersetzung. Als die Mutter bei der Ausstellungseröffnung vor dem Bild steht und sie Indiras große Schwester fragt, was drauf steht, ist es gar nicht schlimm. Aber ein guter Anlass mit ihr darüber zu reden, dass es andere Wege gibt, Indira ihre Unzufriedenheit oder Enttäuschung zu zeigen. Danach erzählte Indira, ihre Mutter würde sie nicht mehr hauen.

FOTOGRAFIERAUSWEISE

Ein für die Kinder ganz wichtiger Ort, um zu fotografieren, ist die Schule. Die Freundinnen, die Lehrerinnen und die Schulklasse gehören zu den ersten, die die Kinder benennen, als wir fragen, was sie als Erinnerung mitnehmen möchten.

Als Bego eines Tages zum Workshop ohne Fotoapparat kam, erzählte er ganz traurig, dass eine Lehrerin ihm verboten hat, zu fotografieren und ihm sogar den Fotoapparat beschlagnahmt hat! Er hat erklärt, warum er die Fotos machte, aber sie hatte kein Verständnis. Um seiner Wut eine Sprache zu geben, haben wir beschlossen, Passfotos zu machen. Passfotos mit Grimassen, die seine Gefühle ausdrücken. Danach haben wir Fotografierausweise gemacht, die Fotos reingeklebt und er ging am nächsten Tag zur Lehrerin und zeigte seinen Fotografierausweis. Daraufhin reagierte die Lehrerin wie jeder gute Beamte: Sie gab den Fotoapparat wieder zurück und sagte nichts mehr.

Dieser Berechtigungsschein gilt lebenslang und auch außerhalb der Hansestadt Hamburg.

Auf Anforderung stellt die Behörde für Erlaubnisse auch Berechtigungsausweise zum Lachen, Husten, Laufen, Weinen und Atmen aus.

Hamburg, 20.7.98

(Oberinspektor der Erlaubnis)

Berechtigungsausweis
für

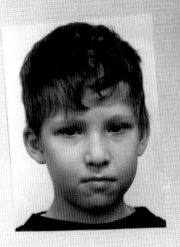

Dieser Berechtigungsausweis berechtigt zum Photographieren:

~ zu Hause
~ beim Sport
~ in Schulen
~ auf der Straße
~ und sonstwo

Einzige Ausnahme:
Ein Mensch, der selber nicht photographiert werden möchte.

Viel Spaß!

WORKSHOP
AFGHANISCHE KINDER WARTEN AUF TRANSFER

Jahr: Februar bis April 2000
Ort: Flüchtlingsschiff Bibby Challenge in Neumühlen
TeilnehmerInnen: Arien, Azmar, Elham, Fereshte, Fereshte Hasan, Ferehste Sarvari, Mahdi, Mojgan, Kitty, Oranus, Tahmina, Parmida, Sodabe, Sumayia, Zainab, Zahra
Zusammenarbeit: Wohnschiffprojekt Altona e.V., Layla Quayum, Reimer Dohrn.
Finanzierung: terres des hommes
Zusammenhang: Die Zusammensetzung der Menschen auf den Flüchtlingsschiffen ist wie ein Spiegel von Krieg und Elend in der Welt. Sobald in einem Land die Lebensbedingungen unerträglich werden, fliehen die, die stark genug sind. Die meisten bleiben in den Nachbarländern. Vor der Herrschaft der Taliban flohen Millionen AfghanInnen nach Pakistan und in den Iran. Ein kleiner Teil von ihnen erreichte Europa.
Da Hamburg die größte afghanische Gemeinde in Deutschland hat, versuchten viele hierher zu kommen. Ende der neunziger Jahre waren afghanische Familien die größte Gruppe auf den Schiffen.
Ausstellung: Bibby Altona

WARTEN AUF TRANSFER

Milleniumswinter in Hamburg. Familien aus den Kriegsgebieten der Welt ist die Flucht zu uns gelungen. Aber auch hier: Warten auf Transfer. Ein neues Zauberwort, denn es verheißt die Chance auf einen festen Ort. Ein Zimmer, das nicht schaukelt. Eine Situation, unsicher zwar, aber in Monaten und nicht in Wochen gemessen. Mit unserem Fotoworkshop mit Kindern, die gerade aus Afghanistan gekommen sind, haben wir gemeinsam in beide Richtungen geblickt. Den Familienfotos, hier von den Kindern gemacht, folgte eine Zeichnung der Menschen, die auf den Fotos fehlen. Das Foto aus dem Kabinenfenster auf dem Schiff und der gemalte Blick aus dem Fenster in der verlassenen Heimat ergänzen sich. Die wunderschönen Zeichnungen zeigen aber auch den Berufswunsch und den Ort, an dem die Kinder gerne wohnen würden, wenn der Transfer kommt. Ob dieser Wunsch in Erfüllung gehen würde, fragten uns die Kinder. Wie gerne hätten wir ja gesagt.

"Manchmal wenn man will, daß die Zeit langsam vergeht, da geht sie schnell. Und wenn man will, daß sie schnell vergeht, vergeht sie langsam"

SUDABE

lehrerin

WIE WAR DER BLICK AUS DEM FENSTER ZUHAUSE?

schwestervater,

opa

tochterschwestermama,

oma

WIE ES FÜR MICH WÄRE, WENN ICH HEIMKEHREN MÜSSTE.

Ich bin schon seit 4 Jahren in Deutschland und gehe hier in der Schule, bin 14 Jahre und in der 7. Klasse. Kaum zu glauben, das ist schon so lang, dass ich mit meine Familie unser Land verlassen musste....

Aber manchmal denke ich, das ist nicht wie früher, weil ich jetzt eine andere Sprache gelernt habe zu schreiben und zu lesen. Jetzt kann ich Deutsch gut reden und schreiben und lerne noch dazu in der Schule zwei andere Fremdsprachen und zwar Englisch und Französisch.

In diesen 4 Jahren, die ich in Deutschland bzw. in Hamburg lebe, haben ich und meine Eltern ein Ausweis, wir sind Asylbewerber und das heißt also, dass wir jederzeit abgeschoben werden können.

Nur allein der Gedanke daran stört mich nicht, weil ich mein Heimatland Afghanistan nicht mag, sondern weil ich so ganz bestimmt nicht weiter komme. Ich will ja zuerst meine Schule zu Ende machen, dann Abitur und dann eine Ärztin werden. Und wenn ich nach Afghanistan abgeschoben werden muss, dann muss ich wieder, wo ich am Anfang war, wiederholen. Denn ich kann kaum lesen und schreiben in Dari, so gut wie in der 3. Klasse in Afghanistan. Das wäre sehr peinlich für mich, also nicht für mich alleine, sondern alle in mein Alter. Und zwar, weil wir mit 14, 15, 16, Jahren vielleicht die 3. Klasse mit den andren, die schon lange da sind und im Alter von 8, 9, 10 sind, teilen müssten.

Eigentlich sind wir Afghaner(in) sehr besonders begabt, aber keine hört zu oder guckt zu, was wir alles können. Nicht dass ich hier nur Blödsinn rede, das stimmt aber wirklich. Wir Afghaner(in) hatten keine Gelegenheiten, uns richtig zu zeigen. Und wir hatten bzw. die Mädchen kein richtige Gelegenheit, etwas aus sich zu machen; z.B. dazu gehört natürlich als erstes lernen. Vor 30 Jahren haben einige gelernt und auch was aus sich gemacht.

Ich möchte Ärztin werden, weil ich allen zeigen möchte, wie klug auch Afghanin sein könnten, wenn die nur die Gelegenheit dazu bekämen.

Und ich werde es spätestens, wenn ich in Deutschland bin, in genau 14 bis 18 Jahren beweisen. Da werde ich selber, wenn ich dazu komme, ein Buch schreiben und das sollte „Mutige Afghaner(in), die um ihr Zukunft kämpfen" heißen.

Und wenn ich abgeschoben werde, dann werde ich trotz allem auch nicht aufgeben. Denn man gewinnt was, wenn man auch dafür kämpft.

Ich werde alles geben, um alles, was in mein Kopf vorgeht, zu erreichen. Und alle andere können das auch erreichen, wenn sie es nur möchten und dafür kämpfen.

The end
Arien Talibian, Hamburg, März 2004

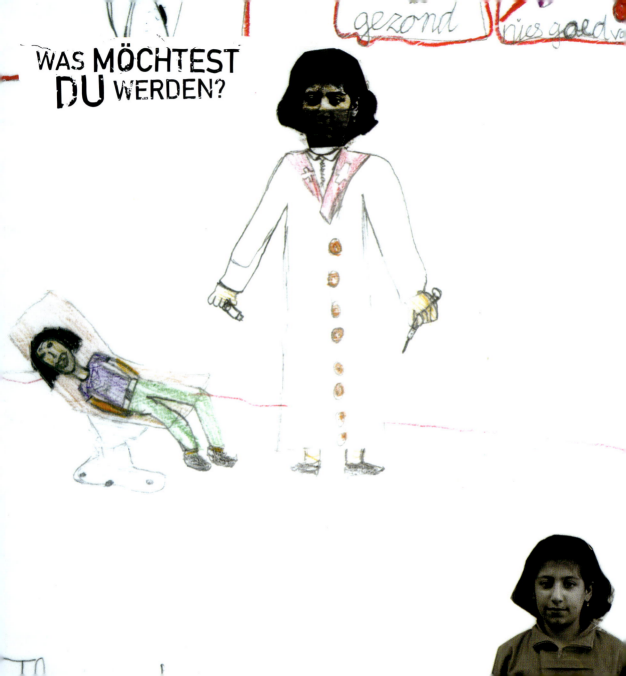

polizist in afghanistan

DIE VERGANGENHEIT DIE ICH NIE VERGESSEN WERDE

Arien, deren Berufswunsch damals Buchhalterin war und die wie alle kein Wort deutsch sprechen konnte, schreibt heute, fünf Jahre später über ihre damaligen Wahrnehmungen:

Der Anfang, als ich in Deutschland ankam. Das war für mich persönlich unfassbar. Ich wollte es einfach nicht glauben, dass wir endlich in Deutschland angekommen waren. Am Anfang mussten wir 6 Monate lang in den Schiffen, die in Altona noch sind, wohnen. Ich fand es langweilig, und zwar nur die erste Woche, da kannte ich ja keinen. Als ich nach einer Woche ein paar Leute kennen gelernt hatte, war es nicht mehr so langweilig, wie es früher mal war. Ich freute mich, dass ich immer mehr Leute durch das Fotoworkshop kennen lernte, das in den Schiffen einmal in der Woche war, mit Kindern, die so alt waren wie ich.

Dadurch lernte ich die Sprache Tag für Tag mehr. Und das freute mich, eine neue Sprache mit neun Jahren zu lernen. Kaum zu glauben, dass schon vier Jahre und fünf Monate, seit wir in Deutschland angekommen, vorbei sind.

Damals war das Fotoworkshop eine gute Tat für mich, denn ich lernte dadurch Leute kennen, mit denen ich immer noch befreundet bin. Sogar meine Eltern lernten die Eltern von meine Freunde kennen, mit denen wir eine Familiengemeinschaft gegründet haben. Denn als wir, also meine Familie und ich, als wir in Deutschland ankamen, kannten wir kaum jemand. Denn unsere Verwandten waren alle in Asien.

Arien Talibian
Hamburg März 2004

buchhalterin

WAS MACHT DICH GLÜCKLICH?

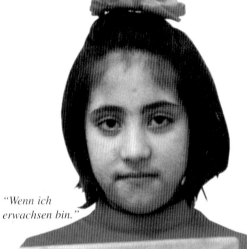

"Wenn ich erwachsen bin."

"Wenn ich in meiner Heimat bin."

"Wenn ich anerkannt bin."

"Transfer Bistrasse."

WORKSHOP
KOSOVO KINDER VERLOREN IHR HAUS

Jahr: 1999
Ort: Flüchtlingsschiffe in Neumühlen
TeilnehmerInnen: Drilon, Aziz, Elvis, Egzen, Samir, Fitore, Aida, Aferdita, Sefer, Elhami, Monika, Adelina
Zusammenarbeit: Wohnschiffprojekt Altona e.V., Lindita Ajeti, Ali Vejseli, Reimer Dohrn.
Finanzierung: terres des hommes
Zusammenhang: Während des NATO-Angriffs zur „Befreiung" des Kosovo flüchteten Hunderttausende vor den Bomben und den serbischen Einheiten aus ihrer Heimat. 15.000 durften als sog. Kontingentflüchtlinge in die BRD einreisen, ein Teil davon kam nach Hamburg. Fast alle wohnten zumindest die erste Zeit ihres Aufenthalts auf den Flüchtlingsschiffen.
Ausstellungen: Stadtteilzentrum Motte e.V., Hamburg-Ottensen

"Verräter gefallen mir nicht!"

Kosovo: Als ich mein Haus verlassen musste

Ergebnisse eines Fotoworkshops mit Kindern und Jugendlichen aus dem Kosovo

"Deutschland gefällt mir nicht."

Während die NATO-Bomben Belgrad verwüsteten und den Kosovo mit radioaktiver Munition kontaminierten, flüchteten Hunderttausende vor den Bomben und den serbischen Einheiten aus ihrer Heimat. 15.000 durften in die BRD einreisen, ein Teil davon kam nach Hamburg. Die mit der Erstaufnahme der Asylbewerber bereits überlasteten Flüchtlingsschiffe waren auch für diese Menschen der erste Ort in Hamburg. Vor allem für Frauen, Kinder und Jugendliche herrschten in den überfüllten Containerunterkünften entwürdigende Zustände.

Das Wohnschiffprojekt Altona e.V. betreute viele Jahren hauptsächlich Flüchtlingskinder aus Bosnien auf den Schiffen. Seit 1997 musste das Programm auf eine starke Fluktuation umgestellt werden. Für Kinder aus dem Kosovo wurde erstmals ein Fotokurs für gerade angekommene Flüchtlinge angeboten. Alle TeilnehmerInnen erhielten einen Fotoapparat, bei jedem Treffen einen Film und zu Beginn ein Fotoalbum. Die Kinder hatten die Chance, ihre Bilder aus der Zeit des Krieges und der ungewissen Zeit der Flucht festzuhalten und darüber zu reden.

Menschen, die fotografiert werden, Tafeln zu geben, auf denen sie sich äußern, ändert ihre Position beim Fotografiertwerden in eine aktive: sie übermitteln den BetrachterInnen eine Nachricht. Gerade wenn gezielte Fragen gestellt werden, z.B. nach den Wünschen, nehmen Kinder und Erwachsene die Gelegenheit wahr, der Tafel Unausgesprochenes anzuvertrauen. Sie sprechen es gar nicht aus – das Foto spricht für sie.

Anders als bei den afghanischen Kindern, die oft eine monatelange und dramatische Fluchtgeschichte hinter sich hatten, kamen die Kosovo-Kinder als Kontingent-Flüchtlinge direkt aus dem Krieg nach Hamburg. Dementsprechend waren ihnen die Erinnerungen an ihre brennenden Häuser sehr präsent und der Wunsch, dass der Krieg sofort aufhört und sie wieder zurückkehren können, sehr stark. Unsere Fragen beschäftigten sich mit ihren aktuellen Gedanken und Wünschen.

Die Antworten waren, entsprechend der Diskussionen in den Familien, oft sehr politisch. Ihre Weigerung, sich eine Zukunft in Deutschland vorzustellen, wurde sichtbar in Sätzen wie: „Ich mag Deutschland nicht."

Die Fragen, die wir den Kindern in diesem Workshop stellten, berührten auch traumatische Erinnerungen. Das wäre nicht möglich gewesen ohne die Offenheit und den gegenseitigen Respekt in dieser Gruppe. Wir bedanken uns für das Vertrauen.

"Der Moment, als wir gezwungen waren, das Haus zu verlassen."

"Der Krieg und das Geschrei der Kinder gefallen mir nicht."

"Als ich aus dem Haus raus musste."

"Die Momente, wo ich alles fotografiere."

"Mit dem Mann, der im Zirkus war."

"Am glücklichsten war ich, als die NATO-Truppen unsere Hoffnung auf Rückkehr in ein freies und sicheres Kosovo wiederbelebten."

WAS WÜNSCHST DU DIR?

"DËSHIRA IME ËSHTË QE DITËLINDJEN TIME TE ARDHME TA FESTOJ NË KOSOVË!"

"Ich will, dass wir wie alle anderen Völker glücklich und in Freiheit leben können."

"Ich will zurück nach Kosovo."

"Mein Wunsch ist, dass im Kosovo nie wieder Krieg ist."

WORKSHOP SAHRAUIS

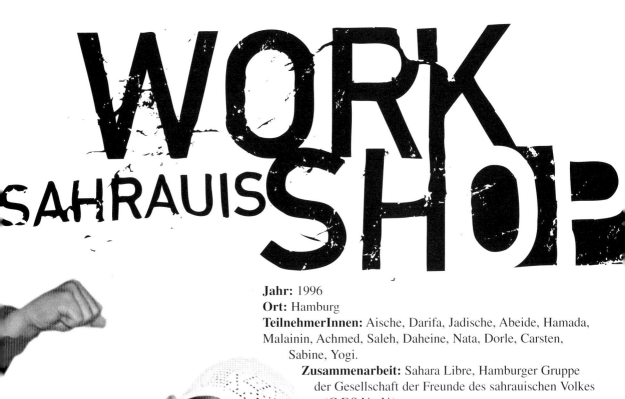

Jahr: 1996
Ort: Hamburg
TeilnehmerInnen: Aische, Darifa, Jadische, Abeide, Hamada, Malainin, Achmed, Saleh, Daheine, Nata, Dorle, Carsten, Sabine, Yogi.
Zusammenarbeit: Sahara Libre, Hamburger Gruppe der Gesellschaft der Freunde des sahrauischen Volkes (G.F.S.V.e.V.)
Zusammenhang: Eingeladen von der Gruppe der Gesellschaft der Freunde des sahrauischen Volkes kam eine Gruppe von neun Kindern für vier Wochen nach Deutschland, um die „Sommerfrische" kennenzulernen und eine Umwelt mit Wasser und grünen Pflanzen. Die Kinder sind geboren und wachsen auf in den Flüchtligslagern in der südwest-algerischen Wüste. Dort leben ca. 180.000 Sahrauis. Seit vor 23 Jahre Marokko gewaltsam ihr Land, die Westsahara besetzt hat, leben sie ihren Widerstand gegen den marokkanischen Aggressor.

SCHLITTSCHUHLAUFEN FÜR WÜSTENSÖHNE

Es war einmal ein Kaninchen, das von einem Leoparden gefangen wurde. "Du bleibst hier sitzen und wartest auf mich", sagte der Leopard zu dem Kaninchen. „Ich gehe auf Jagd, und wenn ich nichts erbeute, komme ich zurück und fresse dich." Zitternd vor Angst wartete das Kaninchen. Da kam ein Löwe vorbei und fragte: „Was machst du hier?" „Ich muss auf den Leoparden warten", antwortete das Kaninchen. "Wenn er nichts erbeutet, kommt er und frisst mich auf." „Verschwinde, du bist frei", sagte der Löwe und setzte sich an die Stelle des Kaninchens. Nach einiger Zeit kam der Leopard hungrig zurück. Er hatte nichts erbeutet und wollte sich auf das Kaninchen stürzen. Der Löwe kam ihm zuvor, fiel über ihn her und fraß ihn auf.

Diese Geschichte erzählt Mal-Ainin. Er ist neun Jahre alt und lebt in einem der Flüchtlingslager in der Wüste Südalgeriens. Mit ihm sind noch neun Kinder und zwei Erwachsene nach Norddeutschland gekommen, eingeladen von Sahara Libre, der Hamburger Gruppe der GFSV. Für die Kinder ist es die erste Reise in ihrem Leben. Wenn Mal-Ainin zu Hause Wasser trinkt, dann kommt es aus Kanistern von Tankwagen. Wenn ihm Kleidung zugeteilt wird, dann aus großen Plastiksäcken von Lastwagen. Ebenso wie das Gas zum Kochen und das Essen aus den Konservendosen, manchmal auch das Milchpuver.

„Mein Lieblingsessen ist Bandnudeln mit

Gorgonzola-Sahne-Sauce", sagte ein Mädchen in einem Hamburger Kindergarten zu Dhabou. "Und deins?" Dhabou lacht.
Sie versteht kein Deutsch. Möglicherweise ist es besser so.
Auch für Hammada. In einem Hamburger Schwimmbad sieht er das erste Mal in seinem Leben eine Rutsche. Vielleicht ahnt er nicht, das man sich auf die Rutsche setzt, vielleicht möchte er diesen Abstieg in das köstliche Wasser noch ein bisschen genießen. Er setzt sich nicht. Aufrecht geht er die Rutsche hinunter, winkt in alle Richtungen des Schwimmbads, lacht strahlend vor Freude. Eine keifende Stimme zischt durch die Halle:
„Rutschst du jetzt endlich mal und zwar ein bisschen plötzlich, sonst kriegst du hier gleich Hallenverbot, mein Freundchen!" Der Lautsprecher pfeift. Eilige Erklärungen von uns:
„Der Junge versteht kein Deutsch ... das erste Mal ... fernes Land ..."
„Na, das kann er sich ja wohl zu Hause auf dem Spielplatz auch nicht leisten – alles blockieren, und der Rest muss warten."
„Zuhause auf dem Spielplatz", das ist kilometerweiter Sand und Steine, Zelte, Hitze, kein Baum und kein Wasser.
„Aber ist das nicht schrecklich für die Kinder, wieder in die Lager zurück zu müssen?"

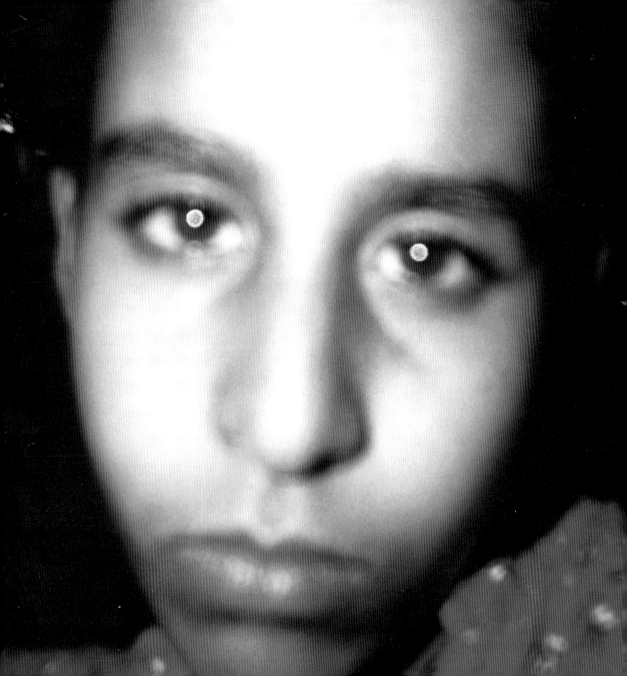

Immer wieder dieselbe Frage. Sie meint: Wäre es nicht besser gewesen, sie hätten all unseren Reichtum gar nicht kennengelernt, damit sie nicht merken, was ihnen angetan wird?
„Die Kinder sind unsere beste Propaganda", sagt der sahrauische Betreuer. Er hat recht. Wie kleine Zauberkünstler verströmen sie unentwegt Freundlichkeit und Wärme, aber auch Stolz und Klarheit. Für jede Aufmerksamkeit bedanken sie sich mit einem Lied. "Ich liebe meine Waffe. Sie hilft mir, für die Freiheit meiner Heimat zu kämpfen. Wir sind alle Brüder und Schwestern. Wenn wir zusammen kämpfen, werden wir siegen." Ganz alleine singt Ahmed mit kräftiger Stimme. Er ist alles andere als verbittert. Er ist zehn Jahre alt, und er meint es ernst...

"Warum sitzt in den Autos immer nur ein Mensch?"

...Gleich nach dem Frühstück geht das Fahradfahren los, immer im Kreis um den Sportplatz herum. Wenn dann noch ein Nieselregen einsetzt, wissen alle, es gibt nichts Größeres. Erst wenn es in Strömen gießt, greifen wir ein und versuchen, die Rundfahrten zu unterbrechen. Nur der kleine Alati trickst uns aus. Eines Tages findet er einen Regenschirm. Ein anderes Kind fährt das für Alati viel zu große Fahrrad, er selbst sitzt hinten auf dem Gepäckträger und hält bei wolkenbruchartigen Güssen über beide den Schirm. Gemeinsam trotzen sie dem Unwetter und hören nicht auf, sich darüber zu freuen. So einfach ist das.

Dorle Koch – Sahara Libre

"Warum fließt auf der Toilette immer so viel Wasser?"

WORKSHOP
KINDER AUS TSCHETSCHENIEN

Jahr: 2001
Ort: Flüchtlingsschiff Bibby Challenge, Hamburg
TeilnehmerInnen: Alera, Adam, Chadiska, Gaynoor, Haka, Moda, Milana, Muhammed, Marcha, Mohammed, Luba, Ramina, Radima, Rezida, Sussan
Zusammenarbeit: Wohnschiffprojekt Altona e.V., Layla Quayum
Finanzierung: terre des hommes
Zusammenhang: Kinder, die mit ihre Familien aus dem Kriegsgebiet Tschetschenien fliehen wollten und die wir in Hamburg willkommen heißen und für die hier Lebenden sichtbar machen.
Ausstellung: Forum Altona in der Großen Bergstraße, Hamburg Altona

WIR SIND NEU IN DER STADT.

Mobiles Fotostudio mit Kindern aus Tschetschenien

In Hamburg ankommen. Neu sein in der Stadt. Keinen kennen. Dein Zuhause, alles was du kanntest, auf unbekannte Zeit verlassen haben. Jetzt ist Hamburg dein Zuhause. Aber es ist eine fremde Stadt, voll mit fremden Menschen. Bis du welche kennen lernst, da wo du wohnst, in der Schule, auf dem Spielplatz. Dann ist die Stadt nicht mehr voll mit Fremden, du triffst immer wieder welche, die du kennst. Die fremde Stadt wird vertrauter. Durch das Fotografieren entstehen neue Verbindungen zu Menschen. Durch das Fotografieren sehen die Kinder ihre Umgebung genauer. Aus der Fremde wird schon Gesehenes, also Bekanntes.

Die Kinder leben zur Zeit auf den Flüchtlingsschiffen in Neumühlen mit ihren Verwandten. Innerhalb einiger Wochen, während des Workshops, kriegen viele Familien Transfer. Das heißt eine neue Unterkunft, verteilt in Hamburg. Die Kinder kommen trotzdem weiter dienstags zum Fotoworkshop. Ihre Bilder zeigen ihren Blick auf Hamburg, das, was sie beeindruckt hat und was sie gerne festhalten wollen.

WAS MAGST DU NICHT?

"Ich mag das kalte Wetter in Deutschland nicht."

Мне не нравится здесь погода

WAS MAGST DU?

"Ich mag alles in Deutschland."

Мне нравится здесь всё!

DER TRAUM

Ganz früher war ein kleiner Junge und die ganze Zeit hat er gewünscht, eine Weltreise zu machen, und er wollte gerne Kapitän werden. Und immer Weihnachten hat er seine Eltern gefragt: "Wann erfüllt sich mein Wunsch?"
Einmal schläft er und träumt, er ist Kapitän und hat ein großes Schiff und fährt auf dem ganz, ganz großen Meer, und in jeder Heimat und in jedem Land, wo er hin kommt, nimmt er ein paar Jungs mit, und am Ende war es so, dass die ganze Mannschaft von jeder Nationalität war.
Und dann hat er gesagt: "Wir müssen Freunde sein und friedlich miteinander. Seid ihr einverstanden, dass ich euer Kapitän bin?"
Und die anderen Kinder haben ja gesagt.

Und er ist Kapitän geworden und die anderen Kinder sind zusammen mit ihm immer weiter gefahren...
Und dann war's morgens früh und der Junge ist aufgewacht.

Bogatyrov Muchammed

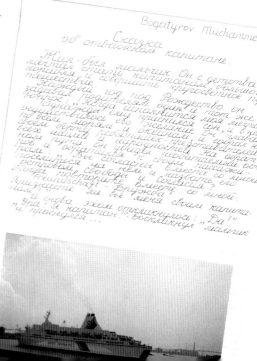

VON MUHAMMED GOGATYROVA

Muhammed lebt seit ein paar Monaten in Hamburg auf den Flüchtlingsschiffen mit seiner Mutter und seiner Schwester Eva. Sie sind aus Tschetschenien geflohen. Die erste Zeit, als er noch kein Wort Deutsch konnte und noch nicht zur Schule ging, hat er beim Fotoworkshop teilgenommen. Er hat seine neue Umgebung mit dem Fotoapparat festgehalten und in sein Album lauter kleine

Geschichten neben die Fotos geschrieben. Eine davon war der soeben erzählte Traum.

WORKSHOP RELIGIONEN

Jahr: 2000
Ort: Flüchtlingsunterkunft Geibelstraße, Hamburg-Winterhude
TeilnehmerInnen: Elham, Hamid, Ivana, Mirjana, Parshto, Ravi, Rajni, Rashad, Samir, Vicky
Zusammenarbeit: Flüchtlingsunterkunft Geibelstraße, Interkulturelles Forum des Goldbekhauses
Finanzierung: Kulturbehörde Hamburg – Projekt „Eigenarten", Nordelbisches Missionszentrum, Eine Welt Netzwerk Hamburg
Zusammenhang: Zehn Kinder mit unterschiedlichen Religionen wohnen in einem Haus und haben sich durch das Fotografieren über ihre Unterschiede ausgetauscht und ihre Gemeinsamkeiten entdeckt.
Ausstellungen: Goldbekhaus, Hamburg-Winterhude, Bezirksamt Hamburg-Nord

DAS OHR DES TEUFELS SOLLTE TAUB SEIN.

Unterschiedliche Religionen begegnen sich in einem Fotoworkshop.

"Das haben wir bei einem Flohmarkt gesehen, Dann hat mein Bruder das gekauft. Weißt du warum? Weil wir Angst hatten, dass jemand das kauft, der nicht weiß, dass es mit unserer Religion zu tun hat, und dann schmeißt er das runter oder benutzt es falsch."

In der Geibelstraße, einer kleinen Straße am Osterbekkanal in Hamburg-Winterhude, befindet sich eine Flüchtlingsunterkunft. Hierher kommen die Menschen, nachdem sie ein paar Wochen oder Monate auf den Flüchtlingsschiffen gelebt haben.

Jede Familie hat ein Zimmer mit Kochnische, einen kleinen Flur und ein eigenes Bad. Ein Luxus verglichen mit der Wohnsituation auf den Schiffen. Der größte Vorteil: die Geibelstraße wackelt nicht! Trotzdem ist es dort eng und hellhörig und es gibt keine Gemeinschaftsräume.

Die Familien leben mit ihren Problemen beladen auf engem Raum und isolieren sich. Wie oft in Situationen, wo Menschen sich nicht wohl und sicher fühlen: es gibt keinen Raum für Verständnis der Andersartigkeit. Menschen unterschiedlicher Nationalitäten, Religionen und Mentalitäten leben eng zusammen und die Unterschiede werden als trennend und diskriminierend wahrgenommen.

Deswegen hatte Verena, die als Sozialarbeiterin alltäglich damit zu tun hatte, die Idee, einen Fotoworkshop zu den unterschiedlichen Religionen zu machen. Sie hörte oft den Satz „Dein Gott ist ein Elefant" in einem herablassenden Ton auf die kleinen Sikhs geworfen.

Wir beschlossen, zehn Kinder mit unterschiedlichen Religionen zu fragen, ob sie mitmachen wollten: Sikhs, Hindus, Moslems, Christen und Atheisten. Die Kameras, die Alben und dass sie mitmachen „durften", waren die ersten Punkte, die sie zusammengebracht haben.
Und dann fing ich an mit meinen Fragen. Jedes Kind antwortete auf der Tafel und alle machten Fotos.
Dann fragte ich: "Was ist verboten in deiner Religion?"
Nicht nur konnten die Kinder plötzlich über die Besonderheiten ihrer Religionen berichten, sie merkten auch, dass alle andere interessiert zuhören und dann vergleichen
Ich darf kein Rindfleisch am Dienstag essen und ich kein Schwein immer. Ich freitags nicht.
Plötzlich werden die Unterschiede interessant. Wissen verbindet und macht verständnisvoll. Es ist spannend zu wissen, welche Religion an welchem Wochentag welches Essen verbietet.
Dazwischen Mirjanan, ein selbstbewusstes Mädchen aus Jugoslawien, eine Roma. Bei der Frage, was ist deine Religion antwortete sie: "Ich habe keine Religion, bei mir ist alles normal."
Die Kinder fotografierten in ihren Tempeln, Moscheen und Zuhause die religiösen Gegenstände. Beim Einkleben in die Fotoalben erklärten sie uns die Traditionen und Riten.
Am Ende hatten alle Kinder mehr Mut gekriegt, offen über ihren Glauben oder Unglauben zu sprechen und wussten, dass die Unterschiede es sind, die sie reicher machen.

"Sein Herz will, er selber aber nicht."

Vicky bügelt seine Hose, um zum Fotoworkshop zu kommen. Seine Mutter und Schwester schauen zu, als ob es ganz normal wäre, dass ein elfjähriger Junge bügelt.

Ich staune, und die zwei Frauen sagen:
"Ja, er kann auch gut kochen!"

Rajni, seine Schwester, sagt:
"Er macht Sachen, die Mädchen machen, und ich, was Jungs machen."

"Was?", frage ich.

"Lesen und Langweilen."

"Darf ich alles fotografieren?"

"Das Weiße ist Richtung Mekka, aber die Schrift ist nur Verschönerung."

WAS MÖCHTEST DU WERDEN?

Polizist

Erfinder

Arztren

URLAUB VON DER ABSCHIEBUNGSANGST

Urlaub für Flüchtlinge, organisiert vom Diakonischen Werk Hamburg

Eine Woche Urlaub heißt für Flüchtlinge, eine Woche von der Angst, jederzeit abgeholt und abgeschoben werden zu können, befreit zu sein. Geschützt. Noch dazu können die Kinder zum ersten Mal einen eigenen Raum haben.
Rajni, die mit ihre Eltern und zwei Brüdern jahrelang in einem Raum gelebt hat, war überglücklich, für diese Woche ein eigenes Zimmer bekommen zu haben. Glücklich machte es, und fremd war es zugleich. Vicky, ihr großer Bruder, musste dennoch mit im Zimmer übernachten, weil sie alleine nicht klar kam, trotz der Freude.

Ich habe die Kinder gefragt, wie es für sie war im Urlaub:
Layla: Mehr als super!
Harebans: Besser als zu Hause.
Fareeha: Ich möchte für immer hier bleiben
Samir: Ich finde es mit geschlossenen Augen wieder.
Meideh: Das ist guter Urlaub.

"Ich finde es mit geschlossenen Augen wieder"

WORKSHOP BLINDE UND SEHBEHINDERTE

Jahr: 2000
Ort: Blinden- und Sehbehindertenschule Borgweg, Hamburg
TeilnehmerInnen: Ghezal, Anna, Andreas, Anno, Ellen, Frank, Marina, Evgenij
Zusammenarbeit: Christa Steindamm, Klasse FÖ 8-10
Finanzierung: Aktion Mensch
Zusammenhang: Die Fotos waren eine Auftragsarbeit für ein Fotoausstellungsprojekt von Aktion Mensch und dem Deutschen Hygiene-Museum Dresden mit dem Titel: "Bilder, die noch fehlten." Die Fotoausstellung sollte einen neuen, ungewohnten Blick auf die Begegnung, das Zusammenleben von nicht-behinderten und behinderten Menschen eröffnen. Unter dem Arbeitstitel „Fernglas" wurden zwanzig FotografInnen beauftragt, ihre Sichtweisen und Ansichten umzusetzen. „Das kollektive Bildgedächtnis unserer Gesellschaft von den Lebenswelten behinderter Menschen ist geprägt von sehr klischeehaften Bildern. Diese Wahrnehmungsstereotypen zu durchbrechen und behinderte Menschen in einem neuen, ungesehenen ästhetischen Kontext zu zeigen, ist Ziel der Ausstellung."
Ausstellungen: Deutsches Hygiene-Museum Dresden, Museum Dr. Guislain in Gent, Willy-Brandt-Haus in Berlin, Staatliche Galerie Moritzburg in Halle, Kunsthalle Erfurt.

"ICH SEHE WAS, WAS DU NICHT SIEHST."

Tafelfotos mit Blinden und Sehbehinderten

In der Fotografie wird das, was weit weg ist, mit technischen Mitteln, mit Teleobjektiven, näher gebracht. Aber wenn du die Hände streckst, um das anzufassen, merkst du, wie weit es entfernt ist. Ich lege großen Wert darauf, in meiner Arbeit keine künstliche Nähe herzustellen. Ich möchte, dass die Menschen wissen, dass ich da bin und warum ich da bin und dass sie auch bestimmen können, wie sie dargestellt werden. Schon seit Jahren fotografiere ich Menschen, die ihre Gedanken auf eine kleine Schiefertafel schreiben. Die Idee habe ich entwickelt, als mir klar wurde, dass Menschen auf Fotos keine Stimme haben. Das wollte ich ändern.

Vor drei Jahren bin ich mit den Tafeln in eine ambulante Einrichtung für psychisch behinderte Menschen gegangen und wollte die PatientInnen fragen, wovor sie Angst hätten oder was sie sich wünschten. Die Betreuerinnen meinten, dass die KlientInnen Hemmungen hätten, mitzumachen, und so schlug ich vor, dass sich zuerst die Betreuerinnen selbst mit ihren Antworten fotografieren sollten. Danach wollten die KlientInnen auf die Tafeln schreiben und einer bemerkte begeistert: „Das Beste an der Ausstellung wird sein, dass am Ende keiner wissen wird, wer Betreuer und wer Betreuter ist."

Im Gegensatz zur psychischen Behinderung ist Blindheit oder Sehbehinderung für die Sehenden sofort sichtbar. So wird der blinde Mensch vom ersten Blick an, den er nicht zurückgeben kann, von den sogenannten Nicht-Behinderten taxiert.

Dass blinde Menschen mit dem Herzen sehen, dass sie andere Sinne viel genauer trainiert haben, dass sie ganz besondere Menschen sind, das möchte ich zeigen. Ich habe deshalb der Schulklasse die Fragen gestellt: „Ich sehe was, was du nicht siehst" und „Was wünscht du dir?"

Aus dieser Zusammenarbeit ist eine langjährige Freundschaft mit dem blinden afghanischen Mädchen Ghezal entstanden, die sich an anderen Projekten, die ich mache, beteiligt und mit ihrer kraftvollen und neugierigen Art jedes Projekt bereichert. Ghezal sucht übrigens jetzt eine Arbeit und freut sich über Vorschläge.

WAS WÜNSCHST DU DIR?

Dass es kein Krieg mehr gibt

GHEZAL-ELLEN GESPRÄCH...

Videogespräch während eines Fotoworkshops mit Mädchen unterschiedlicher Nationalitäten, die in Hamburg leben.

Ghezal: Ich möchte langsam selbständig werden. Ich möchte langsam alleine wohnen. Richtig erwachsen werden. Mein eigenes Leben führen.
Ellen: Du bist auf dem Weg, richtig erwachsen zu werden, und meinst, wenn du eine eigene Wohnung hast, dass es aufwärts geht?
Ghezal: Genau! Natürlich würde ich mich ein bisschen einsam fühlen, das ist normal. Das nehm ich in Kauf. Ich würde einfach alleine leben.
Ellen: Wie behandeln dich deine Brüder?
Ghezal: Ich werde zu Hause so akzeptiert wie ich bin.
Ellen: Bist du in Hamburg geboren?
Ghezal: Ich bin Afghanistan geboren, ich kam hierher mit elfeinhalb. Mein Vater, als er noch lebte, meinte, dass es besser wäre, in der Nähe seiner Verwandten zu sein. Es wurden uns auch schöne Sachen über das Leben hier erzählt. Ich muss sagen, Hamburg gefällt mir auch. Es ist wie eine zweite Heimat für mich. Ich vermisse Hamburg, egal wie es mir woanders gefällt. Ich liebe die Gegend, die Leute, die Freunde, die Vertrauenspersonen.
Ellen: Wie war's, von Afghanistan nach Hamburg zu kommen? Musstest du dich groß umstellen?
Ghezal: Ich habe geweint und dachte, dass ich Afghanistan nie wieder sehen werde.
Ellen: Bist du jetzt auch traurig?
Ghezal: Ja und nein.
Ellen: Einerseits ist es gut, dass du hier bist, denn wärest du jetzt in Afghanistan, wer weiß, ob wir uns überhaupt kennengelernt hätten. Ich meine, es ist schon traurig, wenn man in die Heimat, wo man geboren ist, nicht mehr hingehen kann, weil da Krieg ist, es ist was Blödes. Ich verstehe die Menschen nicht, unschuldige Menschen müssen sterben... vor allem du bist durch diese Bombe blind geworden.
Ghezal: Ich möchte irgendwann nach Afghanistan wieder, aber ich möchte hier leben und arbeiten, am liebsten im Büro.

Ghezal: Früher mochte ich gar nicht fotografiert werden, aber jetzt schon. Ich habe jetzt keine Probleme mehr damit zum Glück. Früher gab's viel Ärger mit Fotos.
Ellen: Auch in der Schule, wenn wir Klassenfotos machen mussten, haben wir uns ganz hinten versteckt, weil wir immer nicht wollten. Oder wir haben ein Käpi angehabt, dass man die Augen nicht sieht. Immer haben wir uns was ausgedacht.
Ghezal: Jetzt ist es ganz anders!

Ghezal und Ellen habe ich kennengelernt, weil sie mit ihrer Schulklasse der Blinden- und Sehbehindertenschule Borgweg zu Weihnachten eine große Spende für das Wohnschiffprojekt gesammelt hatten.
Als wir zur Schule gingen, um mit der Schulklasse über die aktuelle Situation der Flüchtligskinder zu sprechen, und wir wissen wollten, wie sie auf Ideen kamen, für die Flüchtligskinder zu sammeln, erklärte uns Ghezal, dass sie selbst in ihren Anfängen in Hamburg mit ihrer Familie auf den Schiffen gelebt hatte. Für sie als Blinde war die Zeit auf dem ständig wackelnden Schiff körperlich unerträglich, weil ihr Gleichgewicht davon sehr beinflusst wurde. Sie hat die Zeit und die Situation nicht vergessen.

Jetzt nimmt sie an der afghanischen Frauengruppe teil und kann oft ihre Sprachkenntnisse anderen Frauen zur Verfügung stellen.

WORKSHOP PIPI KAROVIERTEL

Jahr: 2002
Ort: Karola e.V., Internationaler Treffpunkt für Frauen und Mädchen, Hamburg
TeilnehmerInnen: Pipi, Marianne, Lila, Angelina, Filiz, Jüler, Yeter, Sibel, Sevda, Songül, Aysel, Sadiye
Zusammenarbeit: Karola e.V.
Finanzierung: Bürgerstiftung Hamburg
Zusammenhang: „Mein Lieblingsplatz im Karoviertel." Die Mädchen im Karolinenviertel während der Schulferien stärken und ihren Kontakt zu anderen Leuten in der Umgebung erleichtern.
Ausstellungen: Karola e.V., Existenzgründertage in der Alten Rinderschlachthalle im Karolinenviertel

MOBILES FOTOSTUDIO

**Tagebuchnotizen aus dem Mobilen Fotostudio
mit Pipi und ihren Freundinnen**

Pipi rast auf Rollen, den Fotoapparat am Hals. Eine echte rasende Reporterin, und ich versuche, so schnell es geht hinterher zu kommen. Komm, wir gehen meine Freundin holen. Jetzt stehen wir vorm Haus, schreien zusammen laut: LIIIILAAAAAA. Fenster öffnen sich. Schnell, mach ein Foto, sagt Pipi und drückt auch selber ab. Lila ist nicht da, aber jetzt weiß die ganze Nachbarschaft, dass Pipi Fotos macht. Komm, sagt sie und rollt zu einer Toreinfahrt, du machst ein Foto von mir und dann mach ich eins von dir. Das tun wir auch, wir stellen uns abwechselnd an die gleiche Stelle, weil wir das eine super Idee finden, uns immer gegenseitig zu fotografieren. Danach können wir aus den Bildern ein Memory-Spiel machen.

Ein Nachbar schaut hinter dem Busch auf seinem Balkon hervor. Mach schnell Foto, sagt Pipi. Erst mal fragen, erkläre ich ihr, vielleicht möchte der Mann gar nicht fotografiert werden. Doch, sagt er, könnt ihr machen, krieg ich das Bild? Ja klar, morgen schon. Wir rollen weiter zurück in die Marktstraße, Pipi ist so aufgeregt, rast zu den rumlungernden Jungs am Platz, fragt, ob sie ein Foto haben wollen. Sie gucken misstrauisch und wollen nicht. Pipi ist so schnell, dass sie es trotzdem schafft, sie, ohne dass sie es merken, zu fotografieren. Wir drehen um die Ecke und machen unsere Memory-Fotos weiter in der Karolinenstraße. Unterwegs trifft Pipi immer Bekannte oder Verwandte und in Windeseile fotografiert sie die beim Vorbeigehen. Als wir an der Ecke sind, sagt sie, ich gehe schnell hoch, wartest du hier? Klar!

Und dann fragt sie: Willst du den Fotoapparat hier behalten? Sie stellt diese Frage ganz selbstverständlich, als ob es normal wäre, dass ich kein Vertrauen in sie haben kann, als ob klar ist, dass ich denke, dass sie nicht wieder zurückkommt und der Fotoapparat

auch nicht. Ich lache und sage: Nein, nimm doch mit! Sie schenkt mir einen lachenden Blick.
Komm, jetzt können wir zu meine Kusine, sagt Pipi. Lass uns kurz was besprechen, schlage ich vor, dass wir immer da, wo du etwas schön findest, halten und ein Foto machen. Aber auch da, wo du was schön findest, sagt sie. Das machen wir auch. Jetzt sind wir wieder auf dem Platz. Bei der Bank vor dem Kiosk sitzt ein älterer Mann, er sieht gut aus.
Pipi fragt ihn, ob er ein Foto will. Ja, sagt er. Dann kommt die Kleine aus der Kneipe, er setzt sie auf die Bank, Pipi fotografiert. Die Mutter kommt raus, schimpft, was machst du da, mein Kind fotografieren, hast du mich gefragt??? Schreit sie und lacht dabei. Sie kennt Pipi und das ist ihre Art, Hallo zu sagen. Dann bittet sie mich, noch mehr Bilder vom Kind zu machen. Der alte Mann fragt, ob wir auch Bild vom Bild machen können, klar sag ich, klar sagt auch Pipi. Dann steht er auf, und geht schnell nach Hause, sein Bild holen.
Wir sitzen auf der Bank, fünf Minuten, und warten, dass er zurückkommt, viel zu lange für die rollende Reporterin. Sie zappelt, wird ungeduldig, haut aber nicht ab. Der Mann kommt, ein Foto in der Hand. Ich habe nur eins, sagt er, hat mir jemand geschenkt, ist so schön. Tatsächlich: Er sitzt mit Hut an einem Tisch, daneben eine Frau und dahinter ein Tag-X-Spruch an der Wand. Der Spruch ist noch da, hier gegenüber, nur die Wand hat ne andere Farbe jetzt. Pipi und ich machen vor Ort Bild vom Bild! Der Mann fragt, was das kostet. Nix, antworten wir, und er freut sich.

Pipi hat jetzt eine eigene Methode entwickelt, die zu ihrem sonstigem Tempo gut passt: Sie fotografiert so, wie ich noch nie jemanden das machen gesehen habe: Ihr Zeigefinger, der den Auslöser drücken soll, nimmt immer Anlauf! Und zack! drückt sie aus! Ohne die Kamera dabei zu verwackeln. Neue Technik.
Komm, wir gehen wieder zu Lila. Diesmal nutzt das Schreien

was, Lila kommt runter mit halb angezogenen Rollschuhen. Sie möchte auch mitmachen. Ich gebe ihr eine Kamera und beauftrage Pipi, ihr das Wichtigste zu erklären. Sie kann nämlich schon Filme rein und raus tun, und denkt meistens dran, nicht die Finger vor das Objektiv zu halten. Jetzt fotografieren sie sich gegenseitig. Ich soll sie aber auch fotografieren. Es ist wichtig, weil Lila morgen weg fährt. Für immer, Abschiebung, zurück. Und dann kann sie die Fotos mitnehmen, morgen. Sechs Monate ist sie hier gewesen, deswegen kann sie noch nicht richtig deutsch; dafür kann sie aber ganz gut, deutsch, finde ich.

Pipi ist heute nicht pünktlich, aber Marianne. Marianne und ich laufen rum, fotografieren weiter, heute mit dem Herz. Heute ist das Memory-Spiel nicht mehr angesagt, das mobile Fotostudio läuft. Marianne kennt jeden: den Mann vom Sushiladen, den Polizisten, die Kinder, die jungen Frauen. Und ist sehr schnell am Fotografieren, manchmal rennt sie und fotografiert jemanden, der das nicht möchte, aber sie kennt ihn. Doch er möchte, er sagt nur so, erklärt Marianne. Pipi kommt wieder: Weißt du, meine Oma will auch ein Foto, sie kommt auch, komm lass uns hin. Wir gehen Richtung Platz, die Kusine von gestern ist da und die Oma kommt.

Sie lacht und alle ihre Zähne sind Gold. Ein Lachen voll Gold! Sie bittet mich, aus dem Foto von ihrem verstorbenen Mann ein Poster zu machen, so groß! Sie zeigt mit der Hand auf Höhe ihrer Hüfte, als ob sie mir ein vierjähriges Kind beschreiben will. Klar, sag ich, sie holt ihr Portemonnaie raus und dann die kleinen Bilder: Das ist mein Mann. Mein Opa, sagt Pipi! Das mein Sohn, 26, gestorben, der ist ausgeschnitten, damit die, die drauf waren, auf dem Bild, nicht ihre Erinnerung stören. Pipi hält die Fotos, ich fotografiere sie ab, Bild vom Bild, mitten auf dem Platz. Dann hält die Oma die Bilder vor sich.

Eine ältere Frau kommt vorbei. Pipi sagt, ich habe ein Foto für sie, und stürzt sich in die Tüten mit den Abzügen. Währendessen unterhalte ich mich mit der Frau. Sie wird 80, ist gut auf den Beinen. Nur gestern ist ihr Pipi mit den Rollschuhen entgegen gekommen und sie hatte so panische Angst zu fallen und sich zu verletzen, aber die Kinder verstehen das nicht. Doch, sage ich, das können wir Pipi genauso erklären, sie versteht es sehr gut. Ich war's nicht, sagt Pipi, und zum Beweis zieht sie ihre Rasterperücke aus. Die war's, sie zeigt auf ein Foto, wo Lila drauf ist. Nein, sagt die Oma, du warst das. Dann frage ich Pipi: Wie alt bist du? Wie alt sind Sie, fragt sie, statt zu antworten. Bald 80, sagt die Oma. Waaaaas??? Ich dachte 50 bis 60. Die alte Frau strahlt. Ja, meint sie, was sollte ich mit so einem Gesicht rumlaufen, nur weil ich alt bin? Nein, ich gehe mit dem Leben mit! Pipi und die Oma verstehen sich. Pipi möchte gleich die Oma fotografieren und diese freut sich.

Der Mann von der Bank von gestern kommt vorbei. Hey, sagt Pipi, wir suchen dich, wir haben Fotos für dich! Er bedankt sich sehr. Die Oma kommt auch vorbei. Pipi fragt, ob sie das Herz mal anziehen will. Sie lacht und macht's. Wir könnten ihr das im Februar, wo sie 80 wird, in Groß schenken. Sie verrät aber nicht den wievielten Februar. Bis dann sehen wir uns noch, sagt sie. Ein älterer Mann mit einem gelben Luftballon kommt vorbei.

Marianne geht auf ihn zu, fragt, ob sie ein Foto machen kann. Er sagt ja. Sie sagt: Wann kommst du wieder? Du kriegst dein Foto. Wer weiß, sagt er, mit dem Leichenwagen, nächstes Jahr.

Wir setzen uns bei Karola rein, ich muss mit dir reden, sagt Pipi ernst zu mir. Weißt du, die Fotos, du kannst sie nicht immer schenken. Die kosten Geld. Eins ok, eins, aber dann verkaufen wir. So 50 Pfennig, ist nicht viel, wer will kauft, wer nicht will, machen wir hier Ausstellung. Du kannst nicht immer schenken, kostet Geld! Nix ist umsonst. Weißt du, nicht mein Bruder, nicht seine Schwester, aber die anderen, die müssen bezahlen. So viele Fotos ist schade, ist viel Geld.

Aber Pipi, weißt du, wir können nicht den Menschen, die uns erlaubt haben, sie zu fotografieren, danach sagen: Jetzt musst du für dein Foto bezahlen. Wir müssen ihnen auch was zurückgeben, oder? Stimmt, sagt Pipi, hast du recht. Aber ok, ein paar Fotos geben wir so, andere müssen sie zahlen, fünfzig Pfennig ist nicht teuer. Und sooo viele Fotos, das ist viiiiel Geld.

Am Ende der Schulferien war auch unser Projekt zu Ende. Daraus haben wir eine Ausstellung gemacht, die monatelang die Blicke auf das Fenster von Karola gezogen hat. Und Pipi bastelte, um sich zu bedanken, ein wunderschönes selbstgenähtes Album mit Fotos und Zeichnungen, selbst gemalt und geschrieben.

(Pipi heißt in echt Jasmina, und jetzt, wo sie eine junge Frau ist, will sie auch nicht mehr Pipi genannt werden, deswegen muss jeder, der das tut, fünf Euro zahlen. Nur Christine, Anja und ich dürfen sie noch Pipi nennen.)

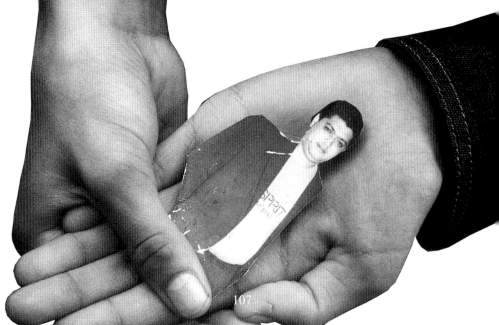

WORKSHOP
THESSALONIKI

Jahr: April bis März 2003
Ort: Thessaloniki, Griechenland-Flüchtlingsunterkunft der Social Solidarity
TeilnehmerInnen: Aram, Baran, Esmeralda, Dohar, Feride, Hadjikan, Mehtin, Marva, Mona, Massoud, Mohamad, Mustafa, Kurosh, Kehan, Niousha, Naser, Zafar, Salinia, Sofia.
Zusammenarbeit: Flüchtlingsunterkunft der Social Solidarity
Zusammenhang: Salinia Stroux lernte die Kinder in der einzigen Unterkunft von Thessaloniki kennen, freundete sich mit ihnen an und bot einen Fotoworkshop an.

"Mir war und ist es wichtig, den Menschen dort etwas meiner Zeit zu widmen, wie sie mir auch ihre Zeit schenken. Die Arbeit mit den Kindern hat mich allerdings so sehr erfüllt, dass ich mich frage, ob nicht die Kinder mir mehr gegeben haben als ich ihnen. Die gegenseitige Freude und die Freundschaften leben mit den Bildern und weiteren Projekten weiter."

Ausstellungen: Antirassistisches Festival, Thessaloniki, Flüchtlingsunterkunft

DER UNSICHTBARKEIT ENTGEGENWIRKEN

Fotoworkshop mit Kindern und Frauen aus Afghanistan, Irak und Iran in Thessaloniki, Griechenland

„Wann machen wir wieder Fotos?", fragen mich die Kinder, sobald ich die Unterkunft betrete oder sie beim Spielen auf dem Aristotelous-Platz treffe. „Hast du noch einen Film?" Sie finden Fotos machen toll, und die selbst gemachten Bilder später anzugucken, ist auch lustig. Wenn die kleine Niousha aus dem Iran – schüchtern wie immer – ihre Werke begutachtet, werden die Fotos in ihren Händen zu Trophäen und sie lächelt stolz. In einer Gruppe von zehn bis sechzehn Kindern zwischen fünf und vierzehn Jahren trafen wir uns regelmäßig zweimal in der Woche und lernten gemeinsam, wie verschieden man auf Sachen oder Menschen blicken kann – durch die Linse der Kamera. Die Mädchen und Jungen bekamen

ihre eigenen Fotoapparate und Filme und näherten sich der Kunst des Fotografierens sowie der Technik experimentell an, indem sie eine Serie von extrem innovativen, abstrakten und schönen Fotos produzierten. Der zehnjährige Nasser aus Afghanistan zum Beispiel machte Selbstportraits aus verschiedenen Perspektiven. Andere versuchten die Wolken in Bildern vom Himmel einzufangen, oder ihre Freunde bei ihren artistischen Übungen auf dem Spielplatz zu dokumentieren. Eine Gruppe von Mädchen aus dem Irak ging zu verschiedenen Läden, sie machten gegenseitig Bilder, während sie vor schönen Spielzeugen posierten oder einen gemütlichen Ausflug ins Café inszenierten, als wären sie Touristen auf der Suche nach Entspannung.

Die Grundidee des Workshops bestand darin, die ersten technischen Schritte des Fotografierens zu erlernen, um mit diesem Wissen später fähig zu sein, Momente und Situationen des Lebens zu festzuhalten und neue Blicke auf das Leben in der aktuellen „Heimat" Thessaloniki zu wagen. Fotos können so zu einer spielerischen Auseinandersetzung mit dem Leben führen. Im Vordergrund standen für die Kinder allerdings erst einmal rein technische Fragen, wie: „Wo ist die Batterie, wie kann ich den Film wechseln, warum ist mein Foto so dunkel geworden und was ist dieses große braune Ding, das über das gesamte Foto reicht?" Die Lieblingsfrage der Kinder bestand aus: „Kann ich noch einen Film bekommen, kiria (Fräulein)?"

Wir gingen meistens ins Freie, um genug Licht zu haben, dann machten wir Fotos, bis die Filme voll waren (das ging sehr schnell!!!), und nutzten die restliche Zeit für Ausflüge und Spielplatzbesuche. An einem sonnigen Tag rannten die Nachwuchsfotograf/innen alle zielstrebig mit ihren Kameras fort. Ich entdeckte sie mitten im wohl einzigen Blumenbeet der Stadt auf dem Aristotelous-Platz. Viele bunte Tulpen blühten hier und verzierten den sonst eher eintönig wirkenden „Park". Die Kinder hatten schon einige der Tulpen gepflückt und posierten honigsüß lächelnd mit Tulpen in der Hand oder hinters Ohr geklemmt inmitten der Beete. Nach einigen Minuten und mehreren Versuchen, sie davon zu überzeugen, keine weiteren Blumen zu pflücken, begann ein alter Mann uns zu beschimpfen und wir flüchteten mit einer Serie toller Fotos als Beute aus den Beeten. Einige Tage später befanden wir uns erneut auf dem Platz und die Kinder fotografierten sich gegenseitig auf dem Spielplatz beim Toben. Das turbulente Treiben der jungen Fotografen weckte das Interesse einiger Eltern und Großeltern, die mit ihren Kindern ebenfalls den Spielplatz

besuchten. Ich war überrascht zu hören, dass die Anwohner keine Ahnung von der Flüchtlings-unterkunft um die Ecke ihrer Wohnungen hatten. Die Reaktionen auf unser Fotoprojekt waren sehr positiv.

Nach einigen Tagen brachte ich den Kindern ihre Fotos und wir versuchten zu rekonstruieren, wem welche gehörten. Jedes Kind legte eine selbst produzierte Fotoserie an. Dieses „Rückgabe-ritual" brachte viele technische Erkenntnisse mit sich, denn die Kinder sahen ihre Fehler und fragten, woran es gelegen habe. Die anfängliche Unzufriedenheit mit den Produkten wurde zur besseren Lehrstunde als jede theoretische Einführung.

Diesem ersten Fotoworkshop folgte ein zweiter. Diesmal erhielten die Mütter und andere Frauen aus der Unterkunft die Kameras und sie dokumentierten ihr Leben in Thessaloniki durch Fotos auf Ausflügen in den Stadtpark oder an die Wasserpromenade beim Hafen.

Die hier gezeigte Postkartenserie entstand aus den Fotos der Workshops. Abgebildet sind die TeilnehmerInnen der Fotokurse vor dem Hintergrund der Stadt Thessaloniki. Der Weiße Turm ist nur eines (aber das bedeutendste) von vielen Symbolen der Stadt, neben denen die Frauen und Kinder als wichtiger Bestandteil des Lebensraumes Thessaloniki visualisiert werden mit dem Ziel, der Unsichtbarkeit, die sie häufig erleben, entgegenzuwirken. Abschließend möchte ich sagen, dass dieses Projekt ohne das große Talent und die Freundschaft der Starfotografen und Topmodels, das Vertrauen der Eltern und die Zusammenarbeit mit der Unterkunft nicht umsetzbar gewesen wäre. Ich bin stolz darauf, mit so tollen Kindern und Frauen zusammengearbeitet zu haben!

Salinia Stroux

DIE ERINNERUNGEN SELBER BESTIMMEN

**Gedanken über die Arbeit von Marily Stroux
von Fifi Vervelidou**

Zum Glück ist heutzutage die Frage, wie sich die menschliche Persönlichkeit entwickelt, ob also der Charakter durch Vererbung oder durch die Umwelt bestimmt wird, nicht mehr aktuell. Die Frage „nature or nurture" hat aufgehört eine Frage zu sein. Das „entweder – oder" wird in den modernen Gedanken durch ein „und" ersetzt. Die von Descartes hervorgebrachte dualistische Denkweise mit den Gegensätzen Geist und Körper, Logik und Gefühl, die nicht nur als autonome, unabhängige Einheiten, sondern sogar als Gegensätze betrachtet werden, ist jetzt durch die holistische Betrachtung der Phänomene überwunden. Entsprechend werden die Begriffe „gut" und „böse", „weiß" und „schwarz" usw. durch die Suche nach einem „besser" als einem relativen Gleichgewicht zwischen Extremen ersetzt. Z.B. ist Gesundheit nicht das Gute im Gegensatz zur Krankheit, sondern ein relatives Gutes, also ein funktionierender Zustand des Organismus im Gegensatz zum Extrem eines nicht funktionierenden Körpers.

Weil sich jeder Organismus bewegt, ist das, was man sucht, ein „Gleichgewicht in Bewegung" und nicht das stabile Gleichgewicht der unbeseelten Gegenstände. Dieses Gleichgewicht ist nur durch Ausgleichsbewegungen möglich. So wie ein Fahrrad fährt und durch kleine Bewegungen des Lenkers sein Gleichgewicht hält oder wie ein Seiltänzer durch kleine Bewegungen seiner ausgestreckten Arme seine Balance auf dem Seil bewahrt. Alles kann also gut und schlecht sein.

Der menschliche Charakter wird gebildet, indem eine Person mit Hilfe ihrer genetischen Anlagen äußere Reize aufnimmt und deutet. So wie also ein Stich nicht die gleichen Reaktionen bei zwei unterschiedlichen Babys hervorruft oder wie ein Schlag nicht das gleiche Resultat bei zwei Geschwistern zeitigt. Es ist also die Art, wie jede Person das, was sie fühlt, ausdrückt, abhängig von der eigenen Erwartung, wie die Umwelt darauf reagiert.

Das alles findet nicht bewusst statt, aber durch diese Geschehnisse entwickelt das Kind seinen Charakter in den ersten fünf bis sieben Lebensjahren. Das Kind produziert also in seinem Unterbewusstsein eine Idee über sein Leben, die anderen und über sich selbst. Und darüber, wie es sich bewegen sollte in dieser Realität. Dies führt zu einem sich selbst entwickelten System, zu einer Basis des Wissens um seine Persönlichkeit. Es führt dazu, dass jemand „er selbst" und nicht „der andere" ist. Es ist, als ob jemand eine Brille gemacht und aufgesetzt hat, und dann sieht er alles durch diese Brille und kann nicht begreifen, dass die Brille das, was er sieht, beeinflusst.

Weil das Selbstbild das Resultat begrenzter Erfahrungen in einer konkreten Umgebung (Familie, Schule) ist, beinhaltet es natürlich auch „Fehler". Es hat also nicht in jeder Situation im Leben Gültigkeit. Wenn die Art, die „Dinge" wahrzunehmen, jemandem nicht hilft, mit einer bestimmten Situation umzugehen, dann hat er ein Problem. Der Mensch wählt aus den Erinnerungen seiner Kindheit die Dinge aus, die sein Selbstbild bestätigen. Er benutzt die Erinnerungen als Beweis, um das Resultat zu bestätigen. Die Erinnerungen zeigen, was die Person idealerweise für das „Beste" und das „Schlechteste" hält – mit allen Abstufungen, die dazwischen liegen. Durch seine Erinnerungen drückt der Mensch seinen Glauben über sich selbst, die anderen, das Leben und die zu erwartenden Auswirkungen seiner Taten und der Taten des anderen aus.

Jede bedeutungsvolle Veränderung im Rahmen des Selbstbildes der Person – oft nach einer Therapie – wird sichtbar in der Veränderung der Kindheitserinnerungen. Zugleich erleichtert eine direkte Intervention zur Veränderung der Kindheitserinnerungen, z.B. mit psychodramatischen Techniken, den Verlauf der Therapie. Durch Rekonstruktion der Vergangenheit beeinflussen wir die Gegenwart, also auch die Zukunft. Wenn wir davon ausgehen, dass Vorbeugen besser als Therapieren ist, folgt dann die Frage, wie jemand das Kind unterstützen kann, die Resultate aus seinen Erfahrungen herauszuziehen, die ihm helfen werden, besser mit seinem Leben klar zu kommen.

Die gesamte Pädagogik basiert bis heute auf Regeln über das, was die Erwachsenen, von denen das Kind abhängig ist, tun sollten. Mit dem Sturz der traditionellen Hierarchien und der Anerkennung der Autonomierechte jedes Mitglieds der Gesellschaft wird die Frage, wie das Kind mit seinem eigenen, bewussten Handeln die Entwicklung mitbestimmen kann, immer dringlicher: Nicht, was ich geworden bin in der Umgebung, in der ich aufgewachsen bin, sondern, was ich mir aussuche, das ich werden will.

Die Methode, die Marily Stroux mit den Tafeln und der Fotografie nutzt, eröffnet genau diese Möglichkeit. Das Kind kann seine Erfahrungen und seine Gefühle, die die Erfahrungen begleiten, präsentieren, um sie selbst zu sehen und anderen zu zeigen. So lernt es, sie in gewisser Weise zu „kontrollieren", sie auszuhalten, damit sie das Kind nicht bestimmen. Alles, was ans Tageslicht kommt, ist nicht so bedrohlich wie das, was versteckt bleibt. Die Kinder, die schmerzliche Situationen erleben, für die sie gar nicht verantwortlich sind, bekommen so die Möglichkeit, die Bilder, an die sie sich erinnern wollen, aussuchen zu können. Sie können selbst die Alben ihrer Kindheitserinnerungen herstellen, die sie in ihrer Zukunft begleiten werden. Es ist eine persönliche Eroberung gegenüber der Hinnahme des Schicksals.

Leider scheint es noch keine Möglichkeit zu geben, eine systematische Forschung zur Einordnung der Ergebnisse durchzuführen. Wir wünschen und hoffen, dass die Methode den Kindern einen neuen Geschmack der Autonomie schenkt. Wie Epiktitos sagte: „Es sind nicht die Geschehnisse, die uns beeinflussen, sondern unsere Ideen von ihnen." Wenn ich schon die Geschehnisse nicht verändern kann, so kann ich doch mindestens meine Ideen von ihnen verändern. So werden die Kinder vielleicht beim Erwachsenwerden die Kraft finden, die Geschehnisse zu verändern.

Fifi Vervelidou

DIE KRAFT IM SELBSTVERSTÄNDLICHEN SUCHEN

Interkulturelle Gedanken über die Fotoworkshops

Was passiert, wenn Flüchtlingskinder nach Deutschland kommen? Eine auf den ersten Blick banale Frage. Aber sie kommt vielen, die um die menschenunwürdigen Lebensbedingungen dieser Kinder wissen, unwirklich vor. Wir denken oft nur noch an Lager, Arbeitsverbot und Abschiebung. Dennoch will ich versuchen, eine Antwort zu geben, die selbstverständlicher ist, als uns der staatliche Umgang vorgibt. Denn auch die Workshops, von denen dieses Buch erzählt, gehen von der Selbstverständlichkeit aus, dass Menschen, die Deutschland erreicht haben, hier sind.

Zunächst einmal bekommen Flüchtlinge Kontakt zu einer anderen Kultur als ihrer eigenen. Dieser Vorgang wird als Akkulturation bezeichnet. Unsere erste Kultur lernen wir durch unsere Familien und das soziale Umfeld kennen. Das nennt man Enkulturation. Im Unterschied dazu ist Akkulturation eine Form der kulturellen Veränderung, und zwar eine, die Einzelne und Gruppen betrifft. Auf der Gruppenebene geht es um soziale und wirtschaftliche Lebensbedingungen und um die Beziehungen zwischen den verschiedenen kulturellen Gruppen. Auf der individuellen Ebene geht es um Identität, Werte und Einstellungen und natürlich auch um die Chancen in der neuen Kultur.

Für Flüchtlingskinder, die heute in Deutschland ankommen, sind die Rahmenbedingungen denkbar schlecht. Der Kontakt der Kulturen ist durch ein eindeutiges Machtgefälle geprägt und beschränkt sich in vielen Fällen auf negative Erfahrungen mit

Institutionen wie Polizei, Sozialämter, Ausländerbehörde und Wachdienste in abweisenden Unterkünften. Während sich die Deutschlanderfahrungen der Erwachsenen manchmal über Monate und Jahre auf Erlebnisse mit Machtgefälle beschränken, haben Kinder mindestens teilweise die Chance einer offeneren Begegnung mit der neuen Kultur.

Um die Bedingungen für solche Begegnungen zu erörtern, ist es hilfreich, die Aufnahmegesellschaft genauer zu betrachten: Ist die Aufnahmegesellschaft eher durch Offenheit oder eher durch Verschlossenheit gegenüber Menschen aus anderen Kulturen geprägt? Bestimmt in dieser Gesellschaft eher eine multikulturelle Ideologie oder eher geringe Toleranz für Abweichungen die gesellschaftliche Realität? Aus der Beantwortung dieser Fragen ergeben sich Gesellschaftsformen, die sich grob nach folgenden Hauptmerkmalen unterscheiden lassen:

– Aus unterschiedlichen Kulturen entsteht eine neue Lebensform (*multikulturell*).
– Es wird anerkannt, dass verschiedene Kulturen zusammentreffen, aber die Mehrheitsgesellschaft ist verschlossen (*Segregation*).
– Die Aufnahmegesellschaft ist zwar offen für Menschen aus anderen Kulturen, verlangt aber die Anpassung an ihre Normen (*melting pot*).
– Die Mehrheitsgesellschaft ist weder offen für fremde Kulturen noch bereit, Abweichungen von ihren Normen zu akzeptieren (*Ausschluss*).

Dieser Unterscheidung der Aufnahmegesellschaften stehen verschiedene Möglichkeiten für die Flüchtlinge gegenüber, den Kontakt mit der Kultur des Aufnahmelandes anzugehen. Hier sind Antworten auf folgende Fragen hilfreich: Wollen und können die Betreffenden ihre eigenen Werte erhalten oder müssen oder wollen sie diese ablegen? Besteht der Wunsch oder die Möglichkeit, die Werte der neuen Kultur anzunehmen oder werden diese Werte

abgelehnt? Aus der Beantwortung dieser Fragen ergibt sich eine grobe Einteilung der Möglichkeiten, mit dem Kulturkontakt umzugehen, die sog. Akkulturationsstrategien:

– *Assimilation*: Aufgeben der kulturellen Identität und Aufgehen in der Mehrheitsgesellschaft; in Deutschland geschehen mit polnischen Einwanderern am Beginn des 20. Jahrhunderts und einem Teil der ArbeitsmigrantInnen (GastarbeiterInnen) der 1960iger Jahre.

– *Integration:* Aufrechterhaltung der kulturellen Identität wie das Bestreben, integraler Bestandteil der größeren Gesellschaft zu werden; die Schweiz und Kanada können als Gesellschaften angesehen werden, in denen das relativ gut möglich ist oder war. Ein Teil der GastarbeiterInnen bzw. ihre Kinder haben in Deutschland einen Integrationsprozess durchlaufen.

– *Separierung:* Abstandnahme zur größeren Gesellschaft; aus eigenem Antrieb oder durch Segregation. Letzteres passierte durch das rassistische Apartheidregime in Südafrika und passiert zunehmend durch repressive Ausländergesetze in der EU, also auch in Deutschland. Separierung aus eigenem Antrieb wird von einem Teil der GastarbeiterInnen vorgezogen.

– *Marginalisierung:* Verlust von wichtigen Teilen der eigenen Kultur, aber keine Aufnahme in die größere Gesellschaft. Dieses Phänomen findet sich verstärkt bei entwurzelten minderjährigen Flüchtlingen, zumal wenn sie unbegleitet sind. Aber auch junge Menschen, die langjährig mit einem unsicheren Status hier leben müssen und verlernt haben, wo sie eigentlich hingehören, werden marginalisiert und fühlen sich auch so.

Welche Umgehensweise möglich ist, wird also durch die Art der Aufnahmegesellschaft mitbestimmt. Die derzeitige gesellschaftliche Situation in Deutschland ist – wie die Debatte um das Zuwanderungsgesetz beispielhaft deutlich macht – von zwei Strömungen dominiert. Die eine ist durch Angst und Verschlossenheit gegenüber fremden Kulturen geprägt und zielt auf Ausschluss. Die andere ist von der Einsicht in die ökonomische Notwendigkeit der Zuwanderung bestimmt, verlangt aber die Anpassung der Hinzukommenden an die Werte der Mehrheitsgesellschaft. Die Rede ist in dieser Strömung von „Integration", gemeint ist aber Assimilation.

Sozialpsychologische Untersuchungen haben einen engen Zusammenhang zwischen der Akkulturationsstrategie und der sozialen Identität nachgewiesen. Die Bildung einer Identität ist vor allem für Kinder und Jugendliche eine zentrale Entwicklungsaufgabe. Bei muslimischen MigrantInnen vor allem der zweiten Generation in Frankreich wurde

erforscht, dass zwischen der Werte-Identität und der realen ein großer Unterschied bestehen kann. Auch hier gibt es unterschiedliche Strategien. Als „einfache Toleranz" wird das Verbleiben bei den traditionellen Werten und das Ignorieren der neuen Einflüsse bezeichnet. „Pragmatismus" wird die Strategie genannt, in den eigenen Kreisen sich entsprechend dieser und außerhalb entsprechend der dortigen Werte zu verhalten. Eine Form der integrativen Identität, in der die jeweils vorteilhaften Teile der Kulturen in einer „komplexen Identität" genutzt werden, ist möglich, aber angesichts des auch in Frankreich massiven Assimilationsdrucks äußerst selten.

Die Arbeit von Marily Stroux setzt an diesem Punkt an. Sie wertschätzt den Pragmatismus des Wechsels zwischen vorteilhaften Kulturanteilen auf eine so warme und selbstverständliche Weise, wie sie eben aus der eigenen Erfahrung als Migrantin entstehen kann. Und sie unterstützt die Kinder dabei, diese Fähigkeit im kreativen Prozess des Fotografierens zu nutzen. Die Workshops bringen die individuell empfundenen kulturellen Widersprüche in einem geschützten Gruppenprozess zum Tanzen und fördern so die Bildung einer komplexen Identität. Zwischen einigen Kindern und der Fotografin und ihrer Familie entstehen daraus jahrelange Freundschaften. So habe auch ich das Glück, den inneren Reichtum, die Kraft und die Fantasie von Heranwachsenden mitzubekommen, welche die als stärkend empfundenen Werte ihrer Herkunftskulturen ebenso nutzen können wie die Chancen der deutschen Gesellschaft. Ich wäre ärmer, würde ich sie nicht kennen.
Die in diesem Buch vorgestellten Workshops bieten Flüchtlingskindern aus meiner Sicht die Möglichkeit, einen offenen, gleichberechtigten Kontakt zu einer anderen Kultur zu bekommen. Es ist ihnen in einem geschützten Rahmen möglich, sich und ihre eigene Kultur vorzustellen und sich willkommen geheißen zu fühlen und gleichzeitig Einblick in andere Lebenswelten zu erhalten. Wie wichtig solche Erfahrungen für in Deutschland heranwachsende Flüchtlingskinder und -jugendliche sind, kann angesichts der abweisenden Lebenswirklichkeit nicht hoch genug eingeschätzt werden.

Reimer Dohrn

BIBLIOGRAFIE

I WANNA TAKE ME A PICTURE
Teaching Photography and Writing to Children
Wendy Ewald/Alexandra Lightfoot
Lyndhurst Book/Beacon Press 2001

I DREAM I HAD A GIRL IN MY POCKET
Stories and Photographs by the Children of Vichya, India
Wendy Ewald
Umbra/double Take/ Norton 1996

GEHEIME SPIELE
Wendy Ewald
Scalo Verlag 2002

SHOOTING BACK FROM THE RESERVATION
J. Hubbard
The New Press, New York 1994

SHOOTING BACK
Photos by Kids from the Nairobi Slums
Lana Wong Shootback Team Leader
Booth-Clibborn Editions 1999

SHOOTING BACK
A Photographic View of Life by Homeless Children
Jim Hubbard
Chronicle Books 1991

GESPRÄCHE MIT MEINEN KINDERN
Ronald D. Laing
Rowohlt 1982

LOOK AT KIDS
Leila Berg
Penguin Books 1972

EMPOWER/ZONE
Youth Photography from the Empowerment Zone Enterprise Community Initiative
Aperture 2000

The Photographic Illusion –
USING THE CAMERA AS THE MIND´S EYE
Dyane Michals – Thames and Hudson

CROSS-CULTURAL PSYCHOLOGY
John Berry et al.
Cambrigde University Press 2002

Foto: Hinrich Schultz

AUSSTELLUNGEN ZUM AUSLEIHEN

- Religionen – das Ohr des Teufels sollte taub sein.
  Was möchtest du mitnehmen?
- Bosnische Jugendliche vor der „freiwilligen" Rückkehr.
  Bosnische Kinder fotografieren ihre Erinnerungen und machen Alben.
- Kinder aus dem Kosovo fotografieren Hamburg und erzählen über ihre
  Gefühle.
- Tschetschenische Kinder fotografieren.
- Afghanische Kinder fotografieren und malen ihre Vergangenheit
  und Gegenwart.
- Romakinder im Karoviertel.
- Thessaloniki

Die Ausstellungen können ausgeliehen werden.
Wollen Sie auch in Ihrer Einrichtung einen Fotoworkshop
mit Tafelfotos machen?
Anfragen bei:
Marily Stroux Tel.: 040-430 80 30
strouxfotos@busyshadows.org
www.strouxfotos.de
www.busyshadows.org

DANKSAGUNGEN

für die finanzielle Unterstützung der Fotoworkshops an:

- Wohnschiffprojekt Altona
- terre des hommes
- Aktion Mensch
- Volkshochschule Hamburg
- Blinden- und Sehbehindertenschule Borgweg, Hamburg
- FreundInnen des sahrauischen Volkes
- Eine Welt Netzwerk Hamburg
- Kulturbehörde Hamburg
- Diakonisches Werk Hamburg, Fanny Dettlhof, Bettina Clemens
- Karola Internationaler Treffpunkt für Frauen und Mädchen
- Bürgerstiftung Hamburg
- Jugendamt Hamburg Nord
- Goldbekhaus e.V.
- Sozialarbeiterinnen der Unterkunft Geibelstraße
- Peeng e.V.
- St.Pauli-Archiv
- European play work association E.P.A.
- Woge e.V.

- Mechtild Kurzer
- Despina Alpinoglou
- Günther Zint
- Reimer Dohrn
- Und für die Unterstützung des Buchprojektes:
    VG BILD-KUNST

Look closely at the present you are constructing
it should look like the future you dream of

alice walker

Brandes & Apsel Verlag

Marily Stroux/Reimer Dohrn
Blinde Passagiere
»Es ist leichter, in den Himmel zu kommen als nach Europa«
128 S., vierf. Pb., illustriert
ISBN 3-86099-124-8
Von Fluchtursache über Fluchtwege bis hin zum behördlichen Umgang mit den Flüchtlingen. Bilder und Texte über das verborgene Thema »Blinde Passagiere«. »Der gut ausgestattete Band gibt einen ungewöhnlichen Einblick in das Leben von Flüchtlingen …«
(O. Tolmein)

J. McIntyre/B. Balliel/K. Pfeiffer (Hrsg.)
Wurzeln in zwei Welten
Westafrikanische Migrantinnen und Migranten in Hamburg
234 S., ISBN 3-86099-804-8
Verpflichtungen gegenüber der Familie in den Heimatländern und die eigenen Probleme in der Fremde – viele Migranten erleben diese »Wurzeln in zwei Welten« als einen psychischen und kulturellen Spagat, der viel Kraft und Geduld erfordert. Ein eindrucksvolles Buch darüber, wie es westafrikanischen Migranten und Migrantinnen gelingt, sich in einer deutschen Großstadt wie Hamburg zu etablieren.

Grenzüberschreitungen – Flucht und Asyl
Verfaßt von Heidrun Müller
184 S., Pb., DIN A4, ISBN 3-86099-181-7
Die Handreichung liefert einen facettenreichen Einblick in das Thema und enthält zahlreiche Anregungen und Beispiele für die Umsetzung im schulischen und außerschulischen Bereich.

»… ein Überblick über die Vielschichtigkeit des Themas ›Flucht und Asyl‹ …« *(Pro Asyl)*

Brandes & Apsel Verlag, Scheidswaldstr. 33, 60385 Frankfurt a. M.
Fax: 069/957 30 187, e-mail: brandes-apsel@doodees.de